Les derniers carnets du Major Thompson

DU MÊME AUTEUR

Le Sang des hommes, Livraria Franco-Brasilera, 1940 ; Payot, 1941.

Méridiens, Plon, 1945.

Eurique et Amérope, Plon, 1946.

Passeport pour la nuit ou le Roi Sommeil, Plon, 1946.

Les Carnets du Bon Dieu (Prix Interallié), Plon, 1947 ; Pocket, 1979.

L'Eternel Second, Plon, 1949.

Sonia, les autres et moi (Prix Courteline), Plon, 1952.

Les Carnets du Major W. Marmaduke Thompson, Hachette, 1954 ; S. Michael Cambridge Univers, 1963.

Les Secrets du Major Thompson, Hachette, 1956.

Vacances à tous prix, Hachette, 1958 ; LGF, 1992.

Un certain Monsieur Blot, Hachette, 1960.

Le Jacassin, Hachette, 1962.

Snobissimo, Hachette, 1964 ; LGF, 1990.

Le 36ᵉ Dessous, Hachette, 1966 ; LGF, 1990.

Le Major tricolore, Hachette, 1968.

Ludovic Morateur, Plon, 1970 ; Vents contraires, 1999.

Le Pyjama, Grasset, 1972.

Les Nouveaux Carnets du Major Thompson, Hachette, 1973.

Les Touristocrates, Denoël, 1974.

La Première Planète à droite, Fayard, 1975.

Made in France, Julliard, 1977 ; Pocket, 1978.

La Composition d'histoire, Julliard, 1979 ; Pocket, 1980.

Le Veuf joyeux, Julliard, 1981 ; Association des défic. visuels, 1982.

La Galerie des glaces, Hachette Littérature, 1983.

Auto-mémoires, Plasma, 1984.

La France dans tous ses états, Hachette Littérature, 1985 ; LGF, 1986.

La France prise aux mots, Calmann-Lévy, 1986.

Profession, écrivain, Hachette Littérature, 1988.

Candidement vôtre, Pré-aux-clercs, 1992.

40 ans de vacances, Hachette Littérature, 1993.

Pierre Daninos

Les derniers carnets du Major Thompson

PLON

Dessin de Walter Goetz

CE QUE DIT LE « WHO'S WHO » :

THOMPSON MAJOR HON, WILLIAM MARMADUKE, D.S.O. (1943), C.S.I. (1934), O.B.E. (1931). *b.* 8 oct. 1902. 4th *s.* of 4th Earl Strawforness. *Education :* Rugby ; Trinity College, Fellow of All Souls, Oxford. *Married :* 1. 1929 Penelope Ursula Hopkins († 1931) ; 2. 1932 Martine-Nicole Noblet. Entered Army 1924, served Waziristan Campaign (1924), transferred to India, Rawalpindi District (1926), 9th Lancers Mesopotamia (1928), 38th Dogras Palestine and Egypt (1931). Secretary to the Hon, the Political Resident, Persian Gulf (1931). Political Agent, Kuwait (1932). Served 2nd World War 1939-1945 with Royal Warwickshire Reg (despatches twice, D.S.O., Croix de Guerre). Retired from army 1945. Member H.M. Diplomatic Service. *Publication : The Arab of Mesopotamia ;* various communications on the South African lepidoptera. *Recreations :* big-game hunting, natural history, golf, gardening. *Clubs :* Cavalry (London), Automobile Club (Paris), Honourable Company of Edinburgh Golfers (Muirfield). *Addresses :* England : Tower Cottages, Rowlands Castle, Penddleton, Hampshire. Continent : c/o Thos Cook and Sons, Paris.

© Plon, 2000.
ISBN : 2-259-19373-0

4146

I

Le grand changement

Je ne sais pas si vous vous rendez compte, mais, lorsque je suis venu chez vous pour la dernière fois, il y a vingt-cinq ans — ou, comme vous avez pris la déplorable habitude anglaise de dire : « vingt-cinq ans en arrière » —, la *standing ovation* n'existait pas, du moins chez vous.

On dira, si l'on veut dire quelque chose, que je m'arrête à des broutilles et que le superficiel m'égare. Voire... N'est-ce pas une exclamation tout à fait superficielle qui me fit ouvrir mes *Carnets* et me livra une des clés de la France ? Un soir d'affluence, gare de l'Est, beaucoup de voyageurs s'entassaient debout dans les couloirs. A la vue d'un wagon-lit, sans doute réservé à quelques privilégiés, un homme s'écria :

— Comme si tout le monde pouvait pas voyager en troisième[1] !

Superficiel, vraiment ?

Voilà (*how disgraceful*) que j'ai menti : ce n'est pas la *standing ovation* qui me paraît à citer d'abord dans ce qui a changé depuis vingt-cinq ans, non plus que de vous entendre parler avec du *best of*, de l'*OK*, du *bye bye* et un petit *feeling* par-dessus le marché... Je passe même sur la publicité d'un joaillier : *Chaumet Spirit.*

— C'est bien de l'esprit français ! a observé M. Falantin en me disant : Dans cette mixture anglo-américaine vous devez vous sentir à l'aise ?

— *Not at all !* lui ai-je répondu. Je ne le suis point, je ne le serai jamais. J'ai parfois du mal à comprendre le français des Français, mais quand ils se mettent à vouloir parler anglais, je ne les comprends plus du tout !

*
* *

Tandis que je songe à tout ce qui a changé chez vous depuis un quart de siècle,

1. Il y avait encore des troisièmes.

je ne saurais oublier les souhaits dont votre télévision m'abreuve. Le temps est loin[1] où les accompagnatrices de la météo se faisaient enjouées pour le soleil et sombres pour l'orage. C'était peu de chose à côté de ce qui m'est servi maintenant : ce n'est plus un simple bonsoir que l'on me souhaite mais une bonne fin de journée, une bonne soirée, un bon week-end, avec l'espoir que « le temps retrouvera ses esprits ».

J'allais oublier ce « Bon appétit » dont le duc de Chintreux a dit l'autre jour au Jockey : « Ça fait peuple ! »

*
* *

Ma mémoire est plutôt bonne. Pourtant je ne puis vous dire depuis quand vos tribuns ont abandonné la simple appellation de « Français » pour lui substituer celle de « Françaises, Français ». Avez-vous jamais

---

1. Pas si loin que ça, avons-nous fait remarquer au Major ; car nous restons champions dans la personnification des éléments. Lors de la dernière rentrée scolaire, une « speakerine » a dit : « Le soleil met son cartable. » (*N.d.T.*)

11

entendu dire : « Suisses, Suissesses » ou « Australiens, Australiennes » ?

Evoquant un déjeuner chez M. Requillard, je me rappelle très bien que son fils, de seize ans environ, avait été prié « de sortir de table » (locution qui m'a toujours paru bizarre et vous était familière). On ne sort plus beaucoup de cette façon — tout cela parce que ce jeune homme avait dit d'une copine qu'elle l'emmerdait.

Quoi de plus banal aujourd'hui ? Il n'est pas de dîner, dans la meilleure société, où l'on n'entende dire : « Cette femme m'emmerde ! » et même qu'elle est « chiante », sans que cela coupe le moins du monde l'appétit des convives.

Il n'est pas davantage question d'être « privé de dessert » — punition naguère capitale que Marcel Aymé souligna dans *La Jument verte* : à un adolescent qui voulait obstinément entrer dans les ordres, son père menaça :

— Tu seras privé de dessert jusqu'à ce que tu aies changé d'avis !

*
* *

Y a-t-il encore des familles où un ex-chef de bataillon prive ses enfants de dessert ? J'en doute. Mais ce pathos n'est rien à côté du langage écrit. J'ai sous la main quelques récents ouvrages : on y chie, on y éjacule, on y parle de fellation, et une romancière, couronnée par l'Académie française, narre sa vie de dame-pipi pour mieux célébrer le culte des chiottes.

Le langage, chez nous, suit la même pente : pour peu que quelqu'un parle un anglais correct, on le juge précieux. Nous avons jusqu'à une façon... pardonnez-moi... d'enculer qui, si je puis dire, nous est propre. Au point que la conversation dans un restaurant huppé est émaillée de *screw* et *nick*.

*
* *

Je m'efforcerai de ne pas être influencé par ces manières hautement regrettables.

Mes écrits paraîtront peut-être obsolètes, mais ils ne seront pas *modern style* : on ne trouvera sous ma plume ni motivation ni adéquation. Je ne me positionnerai pas. Je ne m'impliquerai point. Je ne m'investirai ni ne ciblerai. Je ne mettrai rien à plat. Je ne serai pas toujours crédible, pas du tout flexible, jusqu'à me montrer obstiné à ne jamais emprunter un « passage obligé ». Et si, d'aventure, un sardinologue surgissait de Concarneau, je ne le remettrais pas en question. Si j'évoque quelques souvenirs, ce sera sans mémoriser. Et si je rapporte des moments d'extrême tension, je ne craquerai pas !

... Ah ! là... je vais trop loin ! Comment serais-je sûr de ne jamais craquer ?

Le jour où se déroulèrent (ça se déroule) les obsèques de notre si regrettée et gracieuse princesse de Galles Diana Spencer, j'ai vu des milliers d'Anglais friser l'inconvenance en pleurant dans la rue.

Qui n'eût été ému par tant de jeunesse, de grâce, de beauté soudainement fauchées dans la nuit d'un tunnel ?

Mais un ex-major de l'armée des Indes ne doit-il, avant tout, se conformer à l'attitude de ses supérieurs — ne le doit-il pas ? Or le brigadier général Huntingdon-Clarke, bien plus haut gradé que moi, perdit ce jour-là sa contenance, pourtant considérable, au point de s'évanouir. Irai-je un jour jusqu'à désobéir pour ne pas suivre cet exemple ?

*
* *

Revenant à votre langue et aux recommandations de M. Falantin, je me suis finalement rendu à ses vues : c'est une entreprise téméraire que de vouloir prendre la France au mot alors qu'elle ne parle plus français.

Ecoutons-la ; écoutez-vous... Vous croisez les doigts pour dire bonne chance comme les Américains. Vous dites « ciao » comme les Italiens, vous pratiquez le salut romain et, pour peu que deux cents personnes se lèvent pour applaudir une vedette, vous voilà de nouveau en proie à la *standing ovation...*

Ce qui ne vous empêchera pas de lancer au premier venu :

— Pouvez pas parler français comme tout le monde ?

*
* *

Ce qui déroute M. Falantin, à lui faire perdre son latin, c'est le français de naguère :

— Nous appartenons, me dit-il, à une espèce en voie de disparition. Les dinosaures de mon époque disaient : « C'est quelqu'un de très distingué... C'est un garçon très bien élevé... Elle a une belle dot... » Tout ça c'est fini. La réprimande a disparu, l'admonestation ne se dit plus. Quant à la dot, cher Marmaduke, vous pouvez toujours la chercher.

M. Falantin continua :

— Nous vivions sans vécu, nous déjeunions sans convivialité, nous supportions beaucoup de choses, et pourtant nous étions incapables de supporter l'Olympique de Marseille. Nous n'avions aucune idée des mots qui allaient nous succéder. Comment supposer que le Périgord deviendrait « région à vocation truffière », ou qu'un clin d'œil vaudrait un pied de nez ?

Je sais bien que l'anglais ou l'américain ne sont pas seuls à polluer votre pur langage, fis-je observer à notre ami, mais les vaillants défenseurs de la langue française n'en continuent pas moins à guerroyer pour imposer, par décret, de dire « dépassante » pour *passing shot*. Occasion pour ces hérauts de vitupérer les influences anglo-saxonnes [1] et d'adresser au public un faire-part macabre : « Le français se meurt. »

*   *
*   *

Pour me remettre au point en changeant de registre, j'ai écouté la radio. Franchement, il est difficile de comprendre un pays où personne ne semble apte à s'entendre avec quiconque et où tout le monde dit : « D'accord ! » Je perds plus encore mon équilibre de cavalier sous l'avalanche de vos paradoxes : « Ce qui est important dans ce livre, déclarait un expert à la radio, ce n'est pas ce qui y est, c'est ce qui n'y est pas. » Pour affirmer ensuite : « Seul l'impubliable mérite d'être publié. »

1. L'appellation « anglo-saxon » est en faveur chez vous, si vous avez quelque chose de très déplaisant à nous dire. « Anglais » est plus aimable. « Anglo » tout seul ne se dit pas. (*N.d.T.*)

*
* *

Le paradoxe devrait être inscrit dans la nature du Français comme la poursuite du bonheur dans la Constitution américaine. A passer d'un extrême à l'autre, on devient vite déboussolé. Voilà pourquoi, sans doute, les Français parlent tout le temps de « remettre leur pendule à l'heure », quand ils ne sont pas simplement à la recherche de leur identité.

Auraient-ils tous perdu leurs papiers ? De temps en temps, je crois voir la France à l'envers. Normal : il n'y a plus d'endroits mais des sites, des espaces, des lieux.

La nation où l'on enseignait : « Ce que l'on conçoit bien s'énonce clairement » fête le flou quand elle n'est pas prise de passion pour la mathématique. Elle focalise, traverse des zones optimales, multiplie les cas de figure et positive pour atteindre un pôle de convergence.

Dire que ce pays fut naguère si féru de poésie qu'un Russe le disait « livresque par essence, avec ses fleuves qui ruisselaient

comme des strophes et ses femmes qui pleu-
raient en alexandrins »...

De quel auteur du XIXe siècle sont ces
lignes ? De quel disciple de Victor Hugo ou
de Baudelaire ? Non. D'un Russe de trente-
huit ans élevé par sa grand-mère dans le
culte de la France [1].

Et que sont ces alexandrins devenus ? Des
bon, ben... quoi... si vous voulez... effectivement...

*
* *

Parmi tous les paradoxes, il en est un qui
mériterait la palme de l'extravagance : celui
qui célèbre le mariage du dénuement et de la
fortune. A l'instant où un politique lève sa
tasse de tisane à la santé des plus démunis, des
exclus, des faibles, une pluie d'argent s'abat
dans la mansarde d'un miséreux où un *top
model* qui « vaut » deux millions de dollars
lui montre ses formes dans un magazine
abandonné.

S'agit-il de solidarité ? Le mot finit par
agacer M. Taupin :

— Festival de solidarité, cocktail de soli-

1. Andreï Makine, *Le Testament français*, Mercure de
France, 1995.

darité, concert de solidarité... Au nom de la solidarité, cher Major, je suis devenu solidaire des Kurdes et des Pakistanais, des Serbes et des Albanais, comme du dernier ours des Pyrénées. A ne pas me sentir tout à fait solidaire de tant de solidarités, j'ai cru être un embusqué... Ce n'est pas ma faute si solidarité évoque pour moi la guerre, et le temps où Hitler me faisait rappeler pour la troisième fois sous les drapeaux. Dans le train qui nous menait « vers le front », j'étais entouré d'hommes qui pensaient moins à se battre pour leurs libertés qu'à rentrer chez eux au plus vite. De solidarité, pas question. Le mot n'était pas lancé. Etions-nous même traumatisés ? Ce mot non plus n'était pas né.

Aujourd'hui, nous n'avons pas les mêmes traumatismes que vous. A trente kilomètres de distance on change de planète. Que diraient nos seniors qui écrivent au *Times* pour que l'on rétablisse les châtiments corporels, en vous voyant supprimer la notation « médiocre » pour une copie, sous prétexte qu'elle est « culpabilisante » ? Une de vos facultés n'a-t-elle pas donné, pour thème d'instruction civique, le droit à la désobéissance ?

Preposterous ! a dit M. Taupin, qui préfère ce mot à « ridicule [1] ».

*
* *

Tout têtu que je sois, flegmatique et spleenétique s'il faut en croire vos mémentos d'anglais caractériel, je n'en suis pas moins les conseils de l'ami Taupin qui m'a incité à repasser mon bachot.

A titre d'entraînement, j'ai suivi les enseignements d'un opuscule rédigé par les inspecteurs pédagogiques à l'intention des lycéens. Son « paratexte » m'a, comme vous dites, interpellé.

Après enquête, j'ai appris que le paratexte recouvre la présentation d'un écrit, la table des matières, en bref tout ce qui est liminaire. On ne saurait perdre du temps à chercher une signification puisqu'il faut dire « signifiance ».

---

1. Il y a chez vous un anglais introuvable chez nous. M. Taupin est fasciné par nos *ludicrous* ou *procrastinate*, mais il cherche en vain des WC en Angleterre où ces seyantes initiales se traduisent par *toilets*.

Fatigué, j'ai délaissé la radio pour la télévision. Quel miroir ! Une jeune femme y déclarait :

— Ça m'a soulagée quelque part...

Le même jour j'ai entendu, dans la rue, un homme s'exclamer :

— Quelque part ça me dérange !

La fréquence de ce « quelque part », voulant probablement dire partout et nulle part, m'a fait demander à M. Taupin comment un tel tic avait pu se propager.

— Je ne sais pas trop, m'a-t-il avoué. Quelqu'un a dû dire à l'antenne : « ça m'inquiète quelque part », et ce quelque part, surgi de Paris sur les ondes, a aussitôt franchi la Loire pour gagner les Cévennes. En un instant toute la France s'est transmis ce « quelque part » comme un ballon. Notez, cher Major, que dans notre enfance nous allions discrètement quelque part... Nous ne pouvions imaginer que, dans la même existence, nous entendrions un metteur en scène proclamer, à l'occasion du Bicentenaire de la Révolution : « Nous avons les Droits de l'homme quelque part. »

*
* *

La dame qui avait été soulagée « quelque part » se trouvait maintenant face à un psychiatre. Je devrais dire *psy* mais je ne me sens pas encore assez mûr. Le psy, donc, avait décelé chez sa patiente un certain dysfonctionnement. Lorsqu'on dysfonctionne, on doit se sentir plus intéressant.

Tout en recherchant les causes de ce dysfonctionnement, le psychothérapeute écoutait son interlocutrice parler de son mari, de son chien, de son amant.

— Où vous situez-vous dans votre relation à l'autre ?

Relation à Dieu, relation à l'autre. L'« autre » revient si fréquemment que l'on se croirait dans une nation de soixante millions d'autres — toujours « complices », toujours « impliqués », sans qu'il s'agisse de méfait. C'est d'un cinéaste, d'un ethnologue, d'un décorateur, que l'on est complice.

Le psy interrogeait ainsi la dame au labrador :

23

— Dans quelle mesure vous vous impliquez dans le comportement de votre chien ?

Il aurait pu dire « vous impliquez-vous », mais c'eût été ringard... On n'a pas le temps, quand on dysfonctionne, de parler comme Racine. Qui s'écrirait aujourd'hui : « Ah ! je l'ai trop aimé pour ne le point haïr ! »

Quelle élégance avait-elle, Andromaque, pour pouvoir dire, au max de l'ire : « ne le point haïr » !

Votre sensibilité s'est-elle émoussée ? Au contraire : elle a gagné le béton. Des quartiers entiers sont devenus sensibles... On les croirait doués de parole ; s'ils l'avaient, ils géreraient. Car on gère et l'on génère beaucoup : retour de voyage, une dame ou un monsieur (je ne me souviens pas très bien, mais ça ne pouvait pas être autre chose) a déclaré au micro :

— La Chine génère chez moi de nouveaux modes d'expression...

Et l'on assure d'un athlète qu'il gère mal sa nervosité.

La France serait-elle devenue un pays de gérants ?

*
*   *

Je savais que vous étiez habitués à la contradiction. Je ne m'attendais pas pourtant à la retrouver à ce point.

Tel confesse qu'il s'est inscrit dans sa jeunesse, comme en passant, au parti communiste. Façon de haïr le milieu bourgeois dont il est issu. Son père, à l'époque, en avait été outré. Aujourd'hui, c'est tout juste si cette inscription ne vaudrait pas à notre héros un certificat de bonne conduite.

Le hasard allait me permettre de recueillir un exemple de contradiction jusque dans votre langage. Je me trouvais assis, en compagnie de M. Falantin, à la terrasse d'un café, où j'entendais les propos d'une jeune fille élève de terminale au lycée Pasteur de Neuilly. Cette charmante enfant disait, à propos de films :

— Je veux bien aller voir une merde, si l'acteur principal me séduit.

— Ce qui me chiffonne, me confia M. Falantin, c'est ce « me séduit » après cette « merde ».

A l'instar de M. Jourdain, cette lycéenne

faisait de la compensation sans le savoir. Elle rejoignait ces intellectuels qui, ayant jonglé avec les épiphénomènes et le charisme, assurent qu'il est urgent de désaliéner la langue, de la désincarcérer, pour avouer en fin de compte que la marquise de Sévigné les fait chier.

*
*   *

Le pays de la princesse de Clèves serait-il devenu celui des mecs et du chiant ? Je ne saurais l'assurer mais certains de vos penchants m'incitent à le croire. Comment en douter lorsqu'une nymphe de vingt-cinq ans, parlant (à la télévision) des effets de la passion, met l'accent sur la pénétration ?

Dieu me garde d'entrer dans des considérations aussi hardies. C'est pourtant une occasion pour moi de rendre justice à votre langue, sinon à votre langage.

Je n'obéis pas toujours à vos commandements : « Veuillez respecter la confidentialité de nos clients », indique l'écriteau d'une banque, mais il m'arrive de cueillir sur vos lèvres quelques fleurs plaisantes : « coup de cœur » n'est pas mal, la « spirale »

aussi, j'ai même un faible pour « sulfureux »
quand je le vois appliqué, par erreur m'a-
t-on dit, à une *covergirl* dont la gorge pigeon-
nante éclate sous un corselet de satin.

*
* *

Que le bonnet d'âne, remisé au cabinet
de la comtesse de Ségur, ait fait long feu,
je le comprends (quoique je ne comprenne
toujours pas que « long feu » veuille dire
court) ; je renonce toutefois à dire qu'un
élève a été « laissé en panne au bord de la
route ». Sans doute n'ai-je pas votre aptitude
à faire de l'auto au lycée. L'exemple vient
pourtant de haut : votre président de la
République ne vient-il pas d'annoncer qu'il
va conduire une réflexion comme s'il montait en voiture ?

Malgré toutes ces embûches et ces dégui-
sements, j'ai retrouvé la France, la douce
France, avec des gens toujours gentils en
dépit des apparences. Et, quand je dis gentils, ce n'est pas en sous-entendant, comme
vous le faites parfois, arriérés mentaux ou
naïfs. Non. C'est vraiment gentils.

Même vos forcenés sont gentils. Six mois ne se passent guère sans que, au fond d'une de vos paisibles campagnes, un « forcené » ne tue à la carabine sa femme, son fils, sa belle-famille. Les reporters de la télévision recueillent au village les déclarations des voisins. Que disent-ils, ces voisins ?

— C'était quelqu'un de très calme, très poli, très gentil !

On le notera du même coup : si, au cours d'une manifestation et de quelques heurts avec les forces de police, des vitrines ont été défoncées, un magasin pillé, des voitures brûlées, cela s'est passé, d'après les comptes rendus, « dans une atmosphère bon enfant ».

S'agit-il d'un vampire ou d'un étrangleur, le commentaire reste le même : le vampire disait toujours bonjour.

La gentillesse doit avoir des accès de férocité.

*
* *

Puisqu'il vient d'être question d'étrangleur et que notre époque ne résiste pas à la manie des classements, il faut donner la première place à celui dont le nom revient immanquablement à propos de crimes : Landru.

Les assassins ont beau (si l'on ose dire) se multiplier et trouver de nouvelles méthodes pour occire, étouffer, démembrer leurs proies, le nom de Landru brille toujours en lettres de feu (celui-là même de la cuisinière où il consuma tant de corps).

Ainsi la Brinvilliers continue de régner sur les empoisonneuses.

Comment ne pas faire une place particulière à ce Landru d'aspect si convenable — pour ne pas dire gentil —, lui qui, se présentant au guichet de la gare accompagné d'une femme destinée au feu, demandait :

— Un aller-retour pour Gambais et un aller simple...

Sens (unique) du crime et souci permanent de l'économie.

II

Heureuse de ne pas être jolie

— Et vous, a demandé Taupin à Marmaduke, avez-vous beaucoup changé ?

Je l'ai peut-être déjà dit, mais il devient
urgent de le répéter : dans mon pays tout
change et rien ne disparaît.

Quand Ursula, ma première épouse, faisait ses études à la St Mary and Gwendollyn
School, elle était tenue de ne délacer ses
chaussures qu'entre le pouce et l'index, et
de chanter en chœur, sous un chapeau de
paille à jugulaire :

— *I am so glad I am not pretty !* (Je suis si
heureuse de ne pas être jolie !)

Ursula, avec un faciès déjà chevalin, était-
elle à ce point heureuse ? Les miroirs étant
interdits, elle ne pouvait se poser ce genre

de question qu'en ville (Canterbury), lors des sorties hebdomadaires. Les élèves françaises, qui parfois l'accompagnaient, se vengeaient de nos verbes irréguliers et de ces mots qui ne se prononcent pas comme ils s'épellent — *Worster* pour Worcester, *Chumley* pour Cholmondeley. Elles se moquaient du sifflant babil des ladies, de leurs incisives proéminentes, de leurs sensibles *shoes*, de leurs amples manteaux vert épinard.

— Elles ne sauront jamais s'habiller ! disaient les Françaises.

Faux : elles ont très bien su, et même se déshabiller. Mais vous, êtes-vous si sûrs de tenir encore la bannière de l'élégance ? Même en portant Lacroix ?

Sans aller jusqu'à dire — ne serait-ce que pour ne pas vous désobliger — que Londres dicte parfois la mode à Paris, où sont nos gris anthracite, nos rouge amarante, nos verts... pas toujours épinard ? Ah ! le vert bouteille de ce petit livre de classe, *The girl's own book* ! Il répandait la quiétude et les bonnes manières : une famille, unie pour toujours, prenait le thé dans le jardin ; le père lisait le journal ; son épouse couvait d'un regard tendre une petite fille occupée à réunir des fleurs ; l'aïeul (barbe savante) reposait sur un *rocking chair*, tandis que le *boy* repassait ses leçons sur le gazon.

Comme ce temps paisible paraît loin !

Pourtant il est là.

Si les descendantes des très pudiques élèves de la St Mary and Gwendollyn School, qui ne prenaient leur bain qu'en chemise, fument aujourd'hui le cigare dans les bars de King's Road, à peine vêtues, sur le pubis, d'un sac en poil de borzoï, on n'en trouve pas moins, dans les verdoyantes profondeurs du Kent ou du Surrey, des pensionnats sans miroirs, ou les *girls* ne peuvent se promener qu'avec une autre pensionnaire.

Je ne dirai pas que l'on peut encore trouver des collégiennes en uniforme chantant le bonheur de ne pas être jolies... Non, je ne le dirai pas, car les *girls* actuelles passent plus de temps que les Françaises ou les Scandinaves à se faire épiler, masser, manucurer dans des instituts de beauté[1].

---

1. Peut-on voir là l'influence de Diana Spencer, princesse de Galles ? Ce n'est pas évident. (*N.d.T.*)

Nous voilà loin du faciès chevalin qui pesa si fort sur le destin d'Ursula. Je me demande même s'il en existe encore de semblables sauf, peut-être, le mimétisme aidant, chez certains lads d'Epsom ou de Newmarket.

On pourrait en dire autant de ces incisives proéminentes dont se régalèrent tant de *cartoonists* : les orthodontes de notre royaume ont redressé la situation. Nos femmes peuvent marcher la tête haute.

*
* *

Que je sois damné pour cette confidence, qui vient sans doute mal à propos, mais j'en dois faire l'aveu : je regrette chaque jour de ne pas être né quarante ans plus tard — pas du tout pour me sentir plus jeune, mais afin de mieux apprécier ce festival de jambes, de cuisses, de gorges gracieusement offert par des millions de femmes auxquelles un médecin semble avoir dit : « Défaites-vous. »

Elevé dans un monde où j'ai été longtemps tenu de ne jamais regarder les femmes au-dessous de la taille, je me demande comment je dois faire aujourd'hui.

Le monde change tellement qu'il finit par se ressembler. Je suis surpris d'écrire une telle évidence, mais surtout de constater que la réalité la confirme : plus de chapeau de paille à jugulaire, plus d'uniformes trop stricts, plus d'uniformes du tout parfois, mais l'uniformité règne : de Piccadilly aux Tuamotu en passant par Zanzibar, on est partout nulle part. Partout les mêmes cubes, partout les mêmes *drugstores*, partout les mêmes jeans.

Mon traducteur m'a dit que, dans sa jeunesse, les enfants français symbolisaient la prude Albion en s'exclamant *oh shocking*, et qu'au bois de Boulogne les gouvernantes anglaises, dragons écarlates à faux-col blanc et cape verte, faisaient régner leur *rule* en dressant les *badly behaved french boys and girls*.

Englouties par ce maudit et bienfaisant tunnel qui a porté une atteinte définitive à notre insularité, les *nannies* de Norland ont déserté Hyde Park et le bois de Boulogne pour l'Arabie ou la Californie. Et pourtant le même *shocking* excite toujours votre verve.

Qu'il s'agisse de la femme de notre Premier ministre ouvrant elle-même la porte du 10 Downing Street à un livreur, alors qu'elle est en robe de chambre, ou de la maladresse d'un invité abordant le prince de Galles à Ascot en lui demandant : « Comment vont votre papa et votre maman ? », le commentaire de vos journaux reste le même : *shocking*[1].

Vous vous êtes toujours délectés de ce mot et vous en délectez encore, comme s'il fallait respecter la règle, *the rule*.

En vérité, qu'est devenue la *rule* pour nous ?

Un melon de Locke, un complet de Savile Row, un parapluie serré dans son fourreau — ces menus indices d'une certaine classe se perdent dans l'univers du blouson ou des *baggy pants*.

Sans doute ai-je l'esprit contrariant mais, loin de me réjouir de gagner du temps, grâce au tunnel, sur le temps d'une traversée, j'en suis affligé : plus on me propose d'aller vite, plus je suis tenté d'aller lentement. La lenteur est devenue, avec le

---

1. M. Taupin m'a interrompu pour me rappeler que Mme Loubet, femme du président de la République de l'époque, recevant Edouard VII accompagné du prince de Galles, a demandé au roi : « Et ce grand garçon, sire, que comptez-vous en faire ? »

silence, un des rares luxes que l'on puisse s'offrir sans bourse délier.

Ma nostalgie augmente tandis que diminue ma longévité. J'en arrive ainsi à regretter l'époque où la traversée du Channel durait presque autant que celle de l'Atlantique aujourd'hui. Et le temps où, une lady s'étant fait voler son ombrelle à Bombay, le HMS *Revenge* croiseur de Sa Majesté, cinglait de Gibraltar vers l'océan Indien.

Personne ne cingle plus, mais tout le monde est devenu cinglé.

III

Les rois de l'ennui

Le jour où Ursula allait quitter la St Mary and Gwendollyn School, son professeur de lettres Miss MacCorquodale (un nom à croquer), pour laquelle Ursula avait une très saine inclination, vint vers elle et la conduisit dans un coin tranquille de la bibliothèque (dite *morning room* alors que l'on dînait dans la *lunch room*).

Là, Miss MacCorquodale dit à ma future et défunte épouse, non sans avoir ajusté sa cravate (rayures jaunes et violettes) :

— Ursula *dear*, puisque vous allez poursuivre vos études et préparer une licence de lettres, pourquoi ne pas essayer de faire une thèse sur l'ennui ?... Nous sommes diablement forts sur ce sujet, peut-être les plus

forts du monde. Ce sera à vous de le véri-
fier... En attendant, je vais vous donner, en
cadeau de fin d'année, un petit livre qui
pourra vous servir...

C'était un trésor.

Ursula me l'a légué avant de passer[1] ; il
s'agissait des *Papiers privés de Henri Ryecroft*,
biographie imaginaire écrite en 1903 par un
Anglais de grand talent quasiment inconnu
chez vous, George Gissing.

Gissing, ou Ryecroft, ne se plaignait pas
de l'ennui : il le cultivait, jusqu'à en devenir
le panégyriste. Son évocation d'un séjour en
Grèce, *By the Ionian Sea*, peut être considéré
comme le plus désespérant des livres de
vacances. Gissing aurait mérité de trouver la
paix *at home* mais, là encore, l'ennui le tra-
quait : il fit un premier mariage malheureux
(avec une prostituée), et un second plus
malheureux encore avec une servante.

On serait en droit de se demander ce qui
serait arrivé à Gissing s'il n'était mort pré-
maturément (quarante-six ans) à Saint-Jean-
de-Luz, pendant des vacances cette fois
définitives.

1. Façon de mourir. (*N.d.T.*)

44

D'un ami très cher, Gissing écrivait : « N. va venir passer deux jours, j'eusse souhaité qu'il en restât trois. Mais au-delà du troisième jour, je ne supporte plus personne. J'ai besoin d'être seul. »

Shame on me ! Shame on Gissing !
Même si c'est dur à avaler pour un Anglais, il faut reconnaître que, dans le domaine de l'ennui, nous sommes dépassés par les Américains : ainsi Fred Allen évoquant une station balnéaire tellement ennuyeuse que, quand la mer se retire, elle ne revient plus. Allen lui préfère la montagne, car il aime les longues marches quand ce sont les gens ennuyeux qui les font.

Gissing avait raison en écrivant que l'on se dispute toujours avec quelqu'un, même s'il n'existe pas ou s'il existe après sa mort.

Autant l'avouer, il m'est arrivé de me disputer, après une longue lutte, avec deux des frères Karamazov, au point de cesser toute relation avec ces discuteurs et leur famille. J'en étais resté à la page 53. Je m'en souviens très bien, car j'ai une mémoire précise des livres que je n'ai pas lus. Il se peut qu'il s'agisse de chefs-d'œuvre, comme les *Essais* de Montaigne. Au moins faut-il avoir le courage de le dire et de ne pas craindre la moquerie. Celle-ci a disparu quand je l'ai retrouvée chez un autre : le chroniqueur Russell Baker qui écrivait dans l'*International Herald Tribune* :

« A quinze ans, je me promenais dans le campus, *Les Frères Karamazov* sous le bras. Je pensais impressionner les jeunes filles étendues sur le gazon. "Quel est donc ce gros livre ?" me demanderaient-elles. Et je répondrais : "Ce n'est que le chef-d'œuvre de Dostoïevski : *Les Frères Karamazov*... Vous l'avez sûrement lu ?"

« ... Naturellement cette conversation n'a jamais eu lieu... mais, depuis, je n'ai jamais plus essayé d'attiser les penchants féminins par la magie de la littérature. Je n'en continuai pas moins à lire *Les Frères Karamazov*. Quand vint l'automne, j'en étais à la page 62. »

Comme Baker avouait à son fils sa brouille avec les frères Karamazov, la réaction a été violente :

— Franchement, papa, je te trouve pas possible !

Béni soit Russell Baker ! Non seulement il abandonne *Les Frères Karamazov* mais il confesse sa difficulté à vaincre un autre chef-d'œuvre : *La Montagne magique* de Thomas Mann.

Le temps d'en entreprendre l'ascension : Baker était marié et père de famille.

*
* *

A défaut de Gissing et des *Frères Karamazov*, ne sommes-nous pas les fondateurs du spleen ? Et passés maîtres dans la culture de l'ennui, au point de pouvoir en exporter des tonnes en Australie ou en Nouvelle-Zélande, ces ex-dominions avides de faire mieux que la maison mère ?

Voilà pourquoi Mlle Katherine Mansfield, voulant échapper à une atmosphère trop conventionnelle, quitta le soleil du Pacifique pour les brumes du Channel.

Inutile de traverser le Pacifique : Piccadilly suffit. Derrière les hautes fenêtres d'un club, mes congénères, à l'abri du *Times*, somnolent dans de moelleux fauteuils.

J'avais bien tort de me demander si le tunnel allait tout engloutir. Il y a une chose qu'il n'engloutira jamais : l'ennui des sujets de Sa Majesté, l'ennui des mâles, un ennui d'une telle singularité... j'allais dire insularité, qu'il veulent être seuls à le savourer.

Une preuve récente ? Le *Daily Telegraph*[1] me l'apporte en révélant que le Marylebone Cricket Club a renouvelé son veto à l'admission des *females* dans son *pavilion*.

Jusque-là, rien qui ne puisse surprendre...

Bien plus étonnants les commentaires des membres du Comité, notamment celui de Mr R. W. Arrowsmith :

« Cela ne servirait *absolument à rien* d'admettre des femmes dans notre *pavilion*. On le pourrait, éventuellement... *à condition qu'elles ne parlent pas.* »

Mr Arrowsmith n'a sans doute jamais entendu des hommes parler à haute voix, mais laissons-le poursuivre :

« Resterait toujours le cliquetis exaspérant des aiguilles à tricoter... Chacun sait que lady Home avait l'habitude de suivre les matches de cricket en tricotant. Mais c'était à Arundel ; nous ne saurions tolérer ça ici. Nous nous ennuyons souvent à

1. Le 2 mai 1996.

regarder les matches, il nous arrive même de nous endormir, mais nous voulons le faire entre hommes. Même chose si nous marchons le long du parcours de golf... C'est une chose de se promener tranquille dans les bois, et une autre de vouloir le faire quand on est épié par deux femmes qui jacassent. »

Je ne vois aucune nécessité d'ajouter quoi que ce soit à cette démonstration, n'en déplaise à mes compatriotes *females* (ma phrase n'est peut-être pas française mais, que je sache, elle n'est pas turque).

Si l'on veut en savoir davantage, qu'on aille au Boodle's, club de Londres très fermé, surtout aux femmes. Il est possible à un membre de passage dans la capitale d'y réserver une chambre pour son épouse et lui. Mais...

Mr Brown, membre du Boodle's depuis trente ans, téléphone pour retenir une chambre :

— Nous serons très heureux, dit la secrétaire, de vous accueillir ainsi que Mrs Brown.

Embarras de Mr Brown :

— Ce ne sera peut-être pas Mrs Brown...

— Dans ce cas, je regrette, mais, vous le savez, le règlement est très strict...

Mr Brown paraît tellement contrarié que la secrétaire « va essayer d'arranger ça ». Elle revient de bonne humeur et dit :

— Ce sera parfait, Mr Brown, pourvu que vous veniez avec la femme d'un autre membre du club.

*
* *

A mon retour, je trouve dans le courrier une invitation qui eût réjoui Gissing.

Il s'agit d'un « Buffalo Bill Wild Show ». Dîner-spectacle avant lequel un chapeau de cow-boy vous sera remis dès l'entrée (300 francs). Ainsi coiffé, vous pourrez goûter toute la fureur du Far West, un poulet au barbecue et une attaque de diligence.

C'est beaucoup pour quelqu'un que les mirlitons, les serpentins et autres confettis rendent mélancolique.

Vous allez me reprocher à nouveau de m'arrêter à des détails. C'est pourtant à propos de cotillons que je vais pénétrer au cœur d'une de vos plus étranges caractéristiques, infiniment plus importante que la *standing ovation* ou *Andromaque*. Capitale même, car la France est le seul pays du monde où l'on ne meurt pas : on décède.

J'ai demandé à M. Taupin depuis quand on avait pris l'habitude de dire : « Mon mari est décédé » alors que naguère on eût annoncé qu'il était mort.

— Je ne sais pas exactement..., m'a-t-il répondu, peut-être une trentaine d'années. Mais reconnaissez-le : « décédé » est plus aimable, pour ne pas dire encourageant, que « mort ».

Je sais bien que les Anglais essaient aussi de tromper la mort en disant de quelqu'un qu'il s'est « absenté pour toujours ». Mais votre « décédé » bat tous les records. Car cet euphémisme est d'usage dans les plus tragiques registres de l'état civil. Comment y traduit-on le supplice de ceux qui ont perdu leur dernier souffle dans les chambres à gaz ? Exécuté... Assassiné... Tué serait conforme à la vérité. La réalité est plus nuancée, elle dit : *décédé* à Auschwitz le...

Si la victime était morte d'une embolie à Biarritz ou à Saint-Quay-Portrieux, les annales officielles n'en diraient ni plus ni moins[1].

A propos de décès, M. Taupin m'a montré une élégante plaquette intitulée *Convention Obsèques*. Il s'agissait d'un contrat d'assurance-vie, avec versement d'un capital à la personne de votre choix et prise en charge du corps sur plus de 200 kilomètres.

Pas question de n'importe quelle compagnie d'assurances : celle-ci est anglaise (comme celle du *Titanic*) : la Norwich Union met son savoir-faire, sinon son savoir-vivre, « au service des sept millions d'assurés qui lui font confiance à travers le monde ». Comment ne le ferait-on pas ? Elle gère 358 milliards de francs d'actifs, soit 20 % du budget de la France.

Comme si cela ne suffisait pas, cette société tentaculaire pleine d'attentions — on pourrait dire d'affection — offre une

1. Le traducteur voudrait-il se faire auteur ? C'est une démangeaison fréquente chez les adaptateurs. « Il me vient, m'a dit M. Taupin, des envies de dévorer l'omnipotent Major qui m'asservit. »
— On voudra bien pardonner à notre ami d'avoir ouvert une parenthèse aussi longue. Tout de même, supposez que je sois incapable de la refermer. Quel sujet ! Quel roman ! Et, puisque ce sera bientôt l'occasion, quelle fin !

assistance humaine à vos proches, et veillera jusqu'à l'au-delà du défunt.

Comment ?... Avec des fleurs ?... Des couronnes ?... Une chapelle personnalisée ?... Pas seulement : elle dote le défunt d'un *radio-réveil* (gratuit).

J'avoue que je n'avais pas pensé au réveil. Ce n'était pourtant pas faute de songer à ce qui peut se passer « après ». Fabre affirmait : « L'égalité, la seule égalité de ce monde, c'est l'égalité devant l'asticot. » D'accord, mais avant... avant que le corps se décompose et batte le rappel des vers ? Il doit y avoir un instant où le réveil sonne alors que le disparu est encore intact.

*
* *

Après ces funèbres évocations, quel plaisir de retrouver Paris, Paris l'unique, Paris-que-le-monde-entier-vous-envie, Paris-Paname où toutes les femmes vous sourient, sauf celles que l'on ose aborder.

— Il faut sortir, voir des gens..., m'avait conseillé Taupin de la Taupinière.

J'ai obéi... Mais si je dois l'obéissance, je dois aussi la vérité. Dans ce Paris qui rit de tout, y a-t-il quelque chose de plus rare à cueillir qu'un sourire ?

J'oserais à peine poser la question si un Parisien, critique dramatique, n'avait titré son papier : « A-t-on encore le droit de rire [1] ? »

Est-ce grave ? Suffisamment pour que votre président de la République, voyant un auditoire européen s'esclaffer à propos de la candidature controversée d'un haut fonctionnaire allemand, fasse taire cette hilarité en annonçant :

— On ne rit pas !

... Ou pour que l'amiral de Gaulle, fils du Général, déclare d'entrée au début d'un entretien :

— On n'est pas ici pour rigoler !

*
* *

Si, malgré tout, on veut rire, mieux vaut garder son sérieux.

Je l'ai constaté l'autre soir à une représentation du *Gardien*, de mon compatriote Harold Pinter. Il y a là un personnage de

1. Pierre Marcabru, *Le Figaro*, 13 décembre 1997.

mendiant très drôle. Or, l'amie que j'accompagnais étant partie d'un grand éclat de rire, elle fut fusillée du regard par une vingtaine de spectateurs. Rire d'un mendiant, c'est rire de son état... C'est rire des plus démunis, des moins privilégiés... de ceux qui souffrent : ce n'est pas *social.*

— J'en viens par moments, m'a avoué M. Falantin, à regretter l'époque où un public mal formé rigolait de Picasso avec le rituel commentaire : « Un garçon de dix ans pourrait en faire autant ! »

Que le pays des joyeux drilles ait donné naissance à la sinistrose et que beaucoup de leurs descendants aillent se distraire au cinéma avec le naufrage du *Titanic,* c'est un signe.

Si le deuil sied à Electre, dois-je croire que la mort de temps en temps (« la mort de temps en temps »... *isn't it strange ?*...) vous exalte et vous porte à la jubilation jusqu'à parler dans la rue à des inconnus ? Ce n'est pas impossible : M. Falantin lui-même m'a affirmé que les obsèques du maréchal Joffre, de Mistinguett, de Sarah Bernhardt, de De Gaulle, vous ont incités à une sorte de délire verbal qui contraste avec votre réputé caractère renfermé.

Vous qui n'avez pas dit deux mots à votre voisin de palier depuis vingt ans, vous voici confiant votre cœur au premier venu. Ce fait, historique, est aussitôt souligné dans la presse : « Dans la rue, les gens s'abordent et se parlent. »

Faut-il penser que, sauf circonstance funèbre, vous la « bouclez » ? M. Taupin m'assure que je me trompe :

— Il y a d'autres circonstances histo-riques, plus ou moins heureuses, qui ont eu le même effet... Je ne vous parle pas de l'al-légresse générale lors de l'Armistice de 1918... Non : c'était en 1927, à la fin d'un bel après-midi. Tous les Parisiens avaient acheté *La Presse,* qui relatait dans le détail l'arrivée de Nungesser et Coli à New York, le triomphe, sous des cascades de confettis, des deux aviateurs, premiers à avoir franchi l'Atlantique dans ce sens. Tous les gens brandissaient le journal comme s'ils avaient en main la victoire.

Victoire catastrophique... On apprit, quelques heures plus tard, qu'en réalité

L'Oiseau blanc avait disparu. *La Presse* aussi, car ce journal ne devait plus reparaître.

*
* *

Quand il n'y a pas de héros à se mettre sous la dent, on se repaît des délices funèbres consacrés à un président de la République.

Pour Mitterrand, par exemple, on n'a pas été jusqu'à annoncer : « La France est veuve » et il est vrai que, dans ce faire-part nécrologique délivré à la mort du général de Gaulle, il y avait quelque chose d'énorme — mais, sans faire de comparaison, il n'en reste pas moins que la France tout entière a été enveloppée dans un crêpe monumental. Un an après la mort du Président, on pouvait lire dans *Le Figaro* : « Son chien aboie encore. »

*
* *

Aux sanglots, au déluge de dithyrambes qui ont submergé le pays, je n'irai pas, moi, vieux Rosbif, d'une larme supplémentaire.

Simple constatation : parmi tous les pouvoirs de la télévision, celui qu'elle exerce sur la glande lacrymale est un des plus frappants.

Mettons à part — ou, comme vous dites, entre parenthèses — ces larmes exceptionnelles, pour d'autres plus ordinaires. N'y a-t-il pas parfois, dans votre ordinaire, quelque chose d'exceptionnel ?

Vous vous moquez volontiers de notre *shocking*, mais vous ne vous gênez pas pour dire des gens, à tout propos, qu'ils sont « sous le choc ».

Que l'on dise des habitants d'un village où un homme a tué sa famille qu'ils sont sous le choc, c'est normal. Mais qu'une femme, émue d'avoir gagné un million au loto, en vienne à pleurer sous les caméras de la télévision, et qu'un témoin explique : « Elle est sous le choc... », c'est un peu gros, gros lot compris.

*
* *

J'ai demandé à M. Falantin, comme il me recevait dans son bureau, si, à son avis, les Français étaient drôles.

— Ecoutez, cher ami, me dit-il. On entend sans cesse dire que l'on ne rit plus comme avant. Que l'on ne s'amuse plus comme avant. Que l'on ne vit plus comme avant. Le lamento est permanent. Les temps ne sont plus ce qu'ils étaient... On se plaint pour ça comme on se plaint du reste. Se plaindre est devenu une des activités favorites de mes concitoyens. Mais tenez...

M. Falantin tira une feuille d'un dossier.

— Devinez qui a écrit : « On ne rit plus à Paris depuis plusieurs années »... C'est un auteur célèbre !

J'aurais dû donner, comme vous le dites, « ma langue au chat », mais aucun chat de ce genre ne fréquente notre vocabulaire. Je me tus donc et laissai M. Falantin annoncer :

— ... La marquise de Sévigné en 1676 !

Comme je ne cachais pas ma surprise, M. Falantin saisit un autre feuillet :

— Ecoutez encore !

Et il lut :

— « Le temps n'est plus ce qu'il était. Il y a quarante ans, tout le monde était plus gai, on ne demandait qu'à rire et à danser... »

... Montesquieu ! Il n'y a guère que deux cent soixante-dix-neuf ans ! Eh bien... Ce qui fut écrit il y a deux cent soixante-dix-neuf ans pourrait l'être aujourd'hui. Et Montesquieu ne connaissait pas le *gay Paris* !

*
* *

Il me vient parfois des doutes quant à ce qui sépare notre humour du vôtre.

Quand Sheridan écrit : « Au mortel silence qui suivit, je compris que Lauderdale avait fait une plaisanterie », il y a là une formulation, et une culbute, qui ne correspondent pas à votre logique. Tout le monde ne peut pas avoir votre esprit...

... Mais lorsque M. Léautaud avoue : « Le succès des autres m'irrite, moins que s'il était mérité », il y a là quelque chose de corrosif et d'amer qui nous reste étranger.

*
* *

Il serait tout de même injuste de ne pas vous reconnaître un incomparable talent pour parler comique avec gravité. En réunissant une demi-douzaine d'experts pour discuter de l'humour, on obtient à tous les coups le même résultat : c'est sinistre. Les invités ne tiennent surtout pas à être drôles (d'ailleurs ils ne disent pas « humour » mais « dérision »). Y a-t-il parmi eux un auteur qui prouva maintes fois ses aptitudes humoristiques ? Il a lutté dix ans pour se défaire de l'étiquette d'humoriste et fini par écrire un essai très sombre où il démontre que *Le Voyage de M. Perrichon* est une tragédie.

IV

Napoléon *for ever*

Féru d'actualité, je suis impatient de connaître les informations du jour. Un nouveau génocide au Rwanda ?... Une découverte contre le sida ?... Une tension entre Moscou et Washington ?

Non. Sur une page entière, le journal révèle le plan de la bataille d'Austerlitz, telle que Napoléon l'a livrée il y a cent quatre-vingt-quatorze ans[1].

Face à l'ennemi, russe et autrichien, les 1 200 hommes de Lannes, les 26 000 hommes de Soult, les 6 500 hommes de Davout — toutes les gloires de la Grande Armée — sont présents. Elles semblent avoir déserté leurs niches de la rue de Rivoli. On

1. *Le Figaro,* 2 décembre 1997.

se bat avec acharnement. Vers 15 heures, l'Empereur est maître de la situation. Le feu cesse à 16 h 30.

*
* *

— Mais pourquoi, toujours et encore, Napoléon ? m'a demandé M. Taupin.

— D'abord, me suis-je permis de dire, parce que c'est la valeur la plus stable de votre marché historique, celle qui fait encore flamber les cours... Napoléon nous tient autant que nous l'avons tenu. Je dis bien « nous » car, après l'avoir envoyé à Sainte-Hélène, nous l'avons cajolé et le cajolons toujours. Le saviez-vous, ne le saviez-vous pas ?... Nous, ses ennemis, comptons plus de cercles, de sociétés, de sanctuaires pour la sauvegarde de sa mémoire que vous n'en avez chez vous...

Et puis, admettez-le, avec le téléphone, le fax, le portable, personne n'écrit plus, surtout des lettres ! Et quand je parle de lettres, je devrais dire des cartes postales, des cartons vaseux, vous allez voir... avec les vacances, vont bientôt fleurir les « J'espère que vous passez de bonnes vacances... »,

« J'espère que vous allez tous bien... », « J'espère que vous avez beau temps... », et autres fadaises de l'espérance.

— Vous me paraissez bien loin de Napoléon !

— Au contraire, je m'en rapproche. Si l'on n'écrit plus, Bonaparte, lui, entre deux batailles, trouvait le temps d'écrire, et pas des fadaises ! Général en chef de l'armée d'Italie, il mandait, le 16 juillet 1796, à Joséphine : « Pas une heure sans penser à toi. Je te presse contre mon cœur et j'entends palpiter le tien. Ce soir je prendrai Mantoue qui me résiste depuis plus de huit mois. »

Avez-vous jamais lu, cher Major, une lettre où la tendresse et la stratégie soient plus étroitement associées ?

On pouvait tout espérer d'un tel homme, sauf des « j'espère que ». Que d'émois juvéniles chez ce monstre ! L'odeur de la poudre n'était pas la seule à flatter ses narines : avant de quitter le combat pour rejoindre Joséphine, il lui recommandait :

— Ne te lave pas, j'arrive !

*
* *

Tout compte fait — mais comment faire un compte avec Napoléon ? —, on trouve moins d'antibonapartistes en Angleterre qu'en France. Qui, chez vous, se dirait anti-bonapartiste ? Vous dites bien de quelqu'un qu'il est antifasciste, anticlérical, antimilita-riste — tous ces « anti » peuvent se retour-ner. Avec antisémite, c'est plus difficile. Peu de gens se disent philosémites. D'ailleurs, pourquoi parler racisme ? Il est bien évident que, si vous dites de quelqu'un qu'il a un nom à coucher dehors, en soulignant qu'il s'est permis de naître en Moldavie ou au Montenegro sans pouvoir s'appeler Taupin ou Pochet « comme tout le monde », il n'y a pas là once de racisme !

Vous vous dites loin de Napoléon, mais l'êtes-vous jamais ? Pour peu que la tension monte à l'Assemblée nationale, le gouver-nement est-il menacé de censure ? Il y a toujours un député qui s'écrie :

— C'est le 18 Brumaire !

... sans trop savoir ce qui s'est passé ce jour-là.

Si la mémoire vous fait parfois défaut, ai-je remarqué, vous avez le goût de la commémoration. Nous célébrons l'armistice du 11 novembre 1918 par une minute de silence. Vous en faites un jour férié, voire un pont suspendu de quarante-huit heures, dont M. Falantin assure que ce n'est pas du tout pour vous recueillir, mais pour « emmener les enfants à la campagne ». Comment s'étonner que la mémoire, quelquefois, vous trahisse ?... Un jour où il s'agissait de célébrer l'anniversaire du Débarquement, je me suis morfondu sur la plage d'Arromanches avec six vétérans canadiens.

On ne vous en a pas voulu. Tout de même... M. Requillard, au lieu de me dire qu'il a mal à la France, me dit parfois qu'il a mal aux Etats-Unis.

— J'ai mal, dit-il, à toute cette jeunesse américaine qui s'est fracassée contre le Mur de l'Atlantique pour permettre à la France, entre autres choses, de retrouver sa liberté.

*
* *

Vous avez beau vivre une des plus longues périodes de paix de votre histoire (je veux dire sans guerre mondiale), c'est la guerre que vous allez voir au cinéma, surtout avec capes et épées.

On dirait que vous êtes au mieux dans ce que vous n'êtes plus : d'Artagnan, Louis XIV, Milady et les ferrets de diamant.

A ajouter : le panache. Que feraient les Français sans panache ? S'ils gagnent un match de rugby, c'est avec panache. Ils le perdent, c'est avec panache. Le panache n'est pas français : il est la France. Un ex-ministre est-il menacé par la justice d'être « mis en examen » ? La presse souligne qu'il a fait son mea culpa *avec panache.*

*   *
* *

— A propos d'Histoire, m'a dit M. Taupin, j'ai demandé à mon fils — vingt-deux ans — s'il se rendait compte qu'à son âge Alexandre avait conquis le monde. Ça ne lui disait pas grand-chose... Il n'était pas dans le bain... L'Indus même lui paraissait australien.

« J'ai beaucoup oublié moi aussi, mais quelque chose me hante et m'a toujours hanté : le nombre. A nous qui sommes saturés de chiffres, de millions, de billions, de trillions, je me demande pourquoi les historiens ne nous précisent jamais le nombre de Perses qui, avec Xerxès et ses trirèmes, perdirent la bataille de Salamine... Huit cents, peut-être mille... Cinq cents eussent suffi pour changer la face du monde. Hannibal n'avait que vingt-six ans lorsqu'il franchit les Alpes avec des éléphants : combien ? Dix, vingt, cinquante ? Nul ne le dit. Mais, pour passer de Salamine à Waterloo — un nom qui vous est cher —, pourriez-vous me dire combien de grenadiers formaient le dernier carré qui allait décider du sort de Napoléon ?

— *Goodness knows !* Je ne se sais pas exactement... Je dirais 500, 1 200, je n'oserais rien assurer. *What a pity !*

— Eh bien, soyez conforté, Major, dans votre incertitude : l'*Encyclopaedia Britannica* elle-même, modèle de précision, ne l'indique pas. Mais vous qui êtes, ou étiez, bon marcheur, feriez-vous Paris-Moscou à pied comme les soldats de la Grande Armée, sans autre distraction que de voir Napoléon vous dépasser dans sa berline ?

*
* *

Loin de Waterloo, et même sans guerre, votre ton, politique ou civil, reste souvent militaire.

Une discussion s'éternise au Palais-Bourbon ? C'est la guerre des tranchées. S'entend-on ? C'est l'union sacrée.

On comprend que, dans cette atmosphère explosive, votre président de la République demande à chacun de « rester vigilant ». Des citoyens, au moment de sortir, oublieraient-ils leur vigilance avec leur parapluie ?

La « galère » les guette.

J'ai consulté le dictionnaire. A « galère », j'ai lu : « Grand navire à proue superbement ornée où le Roi-Soleil plongeait dans une pénombre terrifiante des forçats rivés à leur banc par des chaînes et fouettés par un garde-chiourme si la cadence de leurs rames venait à faiblir. »

A présent (où l'on qualifie un slip d'« atroce »), dois-je croire que la galère soit descendue dans le métro ? Les rames, heureusement, diffèrent mais pas le commentaire : pour peu qu'il y ait foule, *c'est la galère* !

— Vous oubliez quelque chose, a observé M. Taupin : le *terrain*. Vos députés ne parlent plus guère de leur circonscription, il sont toujours « sur le terrain »... Les politiciens de naguère ne savaient pas « aller sur le terrain ». Une terre sans terrain... Vous voyez ça ? On s'est rattrapé ; des élections ont-elles lieu ? Tel a été battu pour n'avoir pas été suffisamment « sur le terrain », tel autre, *homme de terrain*, n'y a jamais mis les pieds.

« Les députés de mon temps étaient vraiment des enfants. La preuve que leurs bagarres restaient bénignes, c'est qu'on ne *cassait* rien : on modifiait un article de la Constitution, on ne le *cassait* pas. On se colletait, mais on restait prudent : pas question de « fracture ». Si d'aventure on proposait une politique, on ne savait pas l'*impulser*. Comment se fût-on entendu puisque la *qualité d'écoute* n'existait pas ? Le *consensus* non plus. On prenait froid comme aujourd'hui, mais on n'aurait pas eu l'idée d'affirmer que la France était devenue frileuse. Quant à « retrouver nos racines », il n'en était pas question. Se ressourcer encore moins. La « personne humaine » n'était pas née.

*
* *

Ici comme ailleurs, le paradoxe est roi. Vous avez supprimé les classes dans le métro, on ne dit plus une « femme de classe » — mais une voiture, une chaussure, un immeuble sont vantés *de classe.*

La « grande dame » est toujours là — surtout quand elle disparaît. Qu'une comédienne (une chanteuse, une danseuse) disparaisse et la voilà sacrée « grande dame de la chanson », ou de la danse. Que dis-je ? Il s'agit de la « dernière grande dame » du cinéma ou des ballets. Inutile de s'inquiéter : il y en a toujours une en réserve.

*
* *

Malgré son aimable contribution, M. Taupin ne parvient pas toujours à éclairer ma lanterne.

Prenons, par exemple, l'« escarcelle ». Voilà un joli mot qui sommeillait dans le

Larousse et que de récentes élections ont réveillé : jamais tant de voix ne tombèrent dans autant d'escarcelles. En province comme à Paris (peut-être devrais-je dire *sur* Paris, car si l'on ne peut être sûr de rien, on est sûr de voir arriver ce « sur »).

A entendre les gens causer, on travaille *sur* Paris et on téléphone *depuis* Marseille, quand on ne dit pas à quelqu'un qu'il parle depuis son fauteuil. Pour les politiques, surtout le dimanche, la province l'emporte sur — cette fois, c'est correct — Paris : convention de Chessy, appel d'Egleton, congrès de Nancy, étape d'Ivry — les députés choisissent des sous-préfectures, ou la grande banlieue, pour essayer leurs formules.

C'est au cours de tels exercices qu'ils réussissent à faire bouger la France, presque aussi bien que les footballeurs (*Nantes reçoit Auxerre... Bordeaux monte à Lille*).

Il y aurait de quoi être désorienté par ce maelström politique et social. Je tente de surnager. En vain.

J'ai essayé à plusieurs reprises, je ne suis jamais arrivé à « désespérer Billancourt ».

V

Apparition de Miss Macquary

Chaque fois que je rencontre un vétéran de l'armée des Indes de deux ans à peine plus âgé que moi :

— Vous êtes un gamin, mon cher ! s'écrie-t-il.

Quant à Mme Calment (elle n'avait encore que cent vingt ans), elle me déclara en me prenant affectueusement dans ses bras :

— Vous êtes un enfant, Major, un enfant !

Ne le suis-je pas en vérité, quand j'évoque le temps des sadiques *nannies* ?

Tous les Anglais ne le sont-ils pas, du moins ceux qui eurent le privilège d'être battus par une *governess* ?

Le règne de ces duègnes est passé depuis longtemps, mais que me dit le *Times* d'aujourd'hui sous la plume d'un expert, Philip Howard ? Il parle de la nostalgie de l'Anglais pour la *rule*, la discipline imposée dans la nursery ou à l'école.

Non, je ne retarde pas. Une nouvelle fois, le journal du jour me devance : le fils de notre reine, depuis longtemps sorti d'Eton, a été fessé six fois dans un club organisateur de *school diners*, les serveuses en uniformes d'écolières, jupe courte et bas noirs, punissant les *naughty diners* en les corrigeant à la canne.

Voilà de bien vicieux détours pour révéler ce qui me travaille... Mais je dois, avant que de me livrer, décerner la médaille de la reconnaissance à un virtuose disparu.

Tous les hommes arrivés à un certain âge devraient vouer une gratitude particulière à Pablo Casals, non seulement pour avoir été virtuose du violoncelle, mais surtout pour avoir épousé à quatre-vingt-douze ans une élève de vingt-deux printemps.

Je n'en suis pas là. Mais enfin moi, William Marmaduke Thompson, ex-major de l'armée des Indes, je dois bien avouer mon penchant pour Fenella Macquary.

Comment cette inclination pour une nymphe ne paraîtrait pas légère, alors que je viens de me pencher sur vos tendances politiques, militaires, syntaxiques ?

So what ? Y a-t-il là quelque chose d'extravagant ou, pire, d'inconvenant ? *Not at all !* C'est l'enchaînement logique des choses. « En tout état de cause » — comme vous dites à propos de n'importe quoi —, il y a moins loin qu'on le croirait de la tunique écarlate d'un major au luisant bustier en vinyle rouge de Fenella.

Ce genre d'aveu, au regard des questions qui secouent le monde, semble dérisoire. Erreur ! Prenez la politique, par exemple. Y a-t-il quelque chose de plus superficiel, de plus léger, de plus creux, que les formules employées avec succès par les grands hommes ?

« La France sera toujours la France » n'en est qu'une, en or, mais il y en a mille autres et votre « coup de balai », naguère si en vogue, ne saurait être comparé à celui, gigantesque, d'une ménagère tenant deux milliards d'hommes sous sa tutelle. La

ménagère en question était Mao Ze-dong et
sa constatation : « On peut bien balayer
vingt-quatre heures sur vingt-quatre... il res-
tera toujours de la poussière... », loin d'être
jugée futile, lui valait d'être aussitôt recueil-
lie comme parole d'Evangile dans un livre
tiré à plus de cent millions d'exemplaires.

Un humoriste comme Vialatte, cet écrivain de génie auquel je dois notamment
d'avoir appris le français avec des proverbes
bantous, aurait dit : « L'homme n'est que
poussière, d'où l'importance du plumeau. »

... Seulement, il y a moins loin de Paris à
Pékin que de Mao à Vialatte... et, si j'ose
écrire, à Fenella.

*
* *

Au moment de parler femmes — j'allais
écrire « d'homme à homme » —, je constate
que vous et nous, Français et Anglais, nous
ressemblons à ces vieux couples qui n'ont
jamais cessé de se disputer de leur vivant, et
dont on souligne la parfaite union lorsque
l'un d'eux vient à mourir.

*
* *

Il me faut donc revenir à Fenella en disant les choses comme elles sont, incapable que je suis de les dire comme elles ne sont pas.

Je n'aurais jamais rencontré Fenella Macquary si je n'avais été nommé conservateur de l'Association des anciens lanciers de Mésopotamie, ceux-là mêmes qui prirent part à la fameuse bataille de Balaklava et à la non moins célèbre charge de la Brigade légère (glorieuse mais inutile).

On peut se demander ce que Fenella Macquary avait à faire avec la bataille de Balaklava et la charge de la Brigade légère... Le fait que notre cavalerie ait perdu (par suite d'un ordre mal interprété) quarante pour cent de ses effectifs l'intéressait assez peu.

Mais Fenella Macquary avait pour trisaïeul lord Cardigan, qui commandait la Brigade légère, et l'objet de sa visite au sanctuaire des anciens lanciers, c'était les dessous de la bataille, notamment le cardigan.

Rien de futile dans la recherche de Fenella. Car si les historiens rappellent que le major general Cardigan abandonna le théâtre des opérations alors que ses lanciers étaient encore au combat, ce comportement inconvenant n'a nui en rien au prestige du tricot de laine à boutonnage qui porte son nom.

Combien d'illustres généraux — Raglan, Cardigan, Cadogan — se sont perpétués moins par leurs faits d'armes que par leurs effets ?

Or le major general Cardigan — surnommé « martinet » parce qu'il se plaisait à faire pivoter ses hommes — attachait une extrême importance à l'élégance de ses lanciers. Pour Fenella Macquary, qui travaillait à une histoire de la mode, toute la question était de savoir si le major general Cardigan portait ou non son tricot sous sa cuirasse.

La réponse aurait pu être donnée dans l'heure... Mais il me vint une envie soudaine de revoir Fenella. Sous le fallacieux prétexte de retrouver certains documents, je lui demandai de revenir le lendemain.

Il serait temps que je vous la présente, cette Fenella...

Un prénom à tout casser (comme vous dites quand vous ne cassez rien). Elle aurait pu s'appeler Samanta ou Vanessa, comme tout le monde, car ce sont là des prénoms devenus à la mode depuis que l'on a délaissé les Marie et les Amélie.

Je me demande tout de même qui a pu bien dénicher « Fenella »... Ça évoque — tout dépend de l'humeur — la femelle, le félin, le fenouil ou Gainsborough.

Un mini-Gainsborough peut-être... Mais avec ses yeux verts, son long cou, ses jambes un peu grêles, elle me rappelait plutôt cette Twiggy, *mini covergirl* (on ne disait pas encore *top model*) qui fut instantanément célèbre à seize ans.

En plus — puisque vous raffolez du plus — il y avait la moue... La moue d'enfant apeurée, voire punie, que prennent souvent les *covergirls* d'aujourd'hui, ou que leur font prendre les photographes.

Cette moue serait-elle de nature à faire naître de très perverses idées chez des hommes de mon âge ? Sincèrement, je ne le pense pas, mais comment nierais-je l'existence de certains fantasmes que la nuit fait naître et qui ne disparaissent pas complètement le jour ?

*
*   *

Au moment où je voudrais dire de façon exacte comment m'apparut Fenella, avec son boxer et son bustier de vinyle, je maudis mon manque d'aptitude à décrire un visage !

Ah ! comme je voudrais être Saint-Simon faisant surgir Harlay en quatre lignes : « Un petit homme maigre à visage en losange, le nez grand et aquilin, des yeux de vautour qui semblaient dévorer les objets et percer les murailles... des yeux ardents, méchants, extrêmement de travers... »

Je n'essaierai pas. Comment m'y prendre avec Fenella ? Par le cou qu'elle a (Koukella... je sonorise au lieu de continuer) long, par ses cheveux roux braisé, par son teint d'Irlandaise, par son port de tête ?... Ah non ! Les héroïnes des romans populaires ont toujours un port de tête « altier », mieux : « un port de reine »...

Comme si ce genre de port ne pouvait pas exister chez les « roturières ».

Reste son nez. Je n'aurais pas souhaité

qu'il fût « extrêmement de travers » mais je dois à la vérité de dire qu'il ne l'était pas.

Au lieu de m'égarer dans ces difficultés, je ferais mieux de préciser comment mon inclination se confirma... Je le sais : il y a des coups de foudre lents. Mon ami le colonel Blackburn — qui voyage dans ma génération — m'a rapporté, un jour de confidences, qu'il s'était « tout à fait » épris d'une jeunesse de vingt ans : or, la première fois où il la vit, il ne la regarda pas. Il était même tellement contrarié de ne pouvoir rester seul avec sa sœur aînée, pour faire une balade en voiture, qu'il fourra sa passion dans son spider. On voit par là que cette affaire ne date pas d'hier : si les voitures ont des coffres, elles n'ont plus de spider.

J'avais donc commencé à fouiller les archives du sous-vêtement militaire en 1845 lorsque, au bout de deux heures, je m'aperçus que Fenella me manquait.

Je ne suis pas un homme à écrire : *un seul être me manque et tout est dépeuplé.* J'ai autre chose à dire... : moi qui ai si souvent écrit que les Anglais ne se demandent jamais de quoi ils « auront l'air » (en pensant à ces

ladies octogénaires qui valsent avec un pota-
ger sur la tête), voilà que je me demande
l'air que je vais avoir, moi, vieux crabe *ludicrous* et cramoisi dont les pinces maladroites
s'accrochent à un bustier.

La nuit, quand mes songes se transfor-
ment en cauchemars, il m'arrive de voir
Fenella surgir avec les saillantes incisives de
Miss Palethorpe, et des allures tellement
carnassières que je la tire à la carabine.

Je ne voudrais surtout pas ressembler à
tous ces milliardaires sexa-septuagénaires
que les magazines montrent nus et bronzés,
serrant sur leur ventre gras des *top models* de
vingt ans, au bord d'une piscine des îles
Vierges ou de Malibu.

J'y pensais hier. C'est une fois de plus la
télévision qui m'y a fait penser. Ses chas-
seurs de têtes couronnées transmettaient,
d'une île des Caraïbes proche de Tobago, le
mariage de la marquise Athénaïs de Parme
avec Sigismond, ex-roi de Tellurie. Ce
n'était pas du Sire ou du Monseigneur que
déversaient les reporters, mais un déluge de
*Votre Majesté, Votre Altesse, Votre Altesse
Sérénissime.*

Un « Madame » eût suffi. Après tout, on

ne dit rien d'autre à la reine d'Angleterre, une fois les gracieux honneurs délivrés et la conversation engagée. Pourtant, même si vos envoyés spéciaux appartiennent au pays de la guillotine, ils comblent les vœux de leur auditoire en faisant sonner les titres de noblesse.

Je précise que cette île « jouit » — comme disent les guides — d'une végétation *luxuriante,* d'un soleil *éclatant,* et d'une mer chaude (*aux vagues ourlées d'écume,* l'ourlet est indispensable).

Elle pourrait s'appeler « île des Ex ».

Rois déchus, archiducs découronnés, dictateurs en rupture de pouvoir, maréchaux sans armée, présidents de la République démissionnaires ou démissionnés, tous ces *Highness* y vivent confortablement, soit de la fortune qu'ils ont mise à l'abri, soit de la pension que les nouveaux gouvernants leur servent. Ils ne sont plus rien et pourtant, à les entendre appelés Sire, Monseigneur, monsieur le Président, on sent bien qu'ils représentent encore quelque chose.

Ce serait du reste faire erreur que de penser qu'en cette Sainte-Hélène des Caraïbes, tel aristocrate de haute volée a perdu ses quartiers de noblesse, tel roi sa couronne : c'est à qui se plaira à les mieux faire valoir, surtout devant les caméras de la TV, dont les représentants attachent d'autant plus de prix à obtenir audience auprès de ces éminences que la Terre est devenue chiche en tiares et en diadèmes.

Je ne parlerai pas de la robe de la mariée (d'organdi et d'organza), puisque l'on aura déjà vu cette merveille dans les magazines.

Rien n'échappe à la documentation des reporters, ni l'ascendance d'Athénaïs, que l'on fait grimper jusqu'à Titus, ni le menu du souper, décrit par le menu.

J'allais oublier le plus simple : la *simplicité* de leurs grandeurs : ce sont tous des gens très simples...

Celui-ci, qui n'était ni roi ni duc, s'est fait prétendant au royaume de France et délivre tous les trois mois, comme une bulle papale, un message dans lequel il donne des directives à « son peuple ».

Ces Ex n'ont qu'une seule aspiration : servir le peuple, se mettre, tels des généraux limogés, « en réserve » de la monarchie ou de la République, attendre l'heure du grand péril où le peuple fera appel à eux et leur permettra d'œuvrer *dans le seul intérêt du peuple.*

*
* *

J'aurais souhaité entendre un Ex avouer : « J'aimais le pouvoir » ou son regret de ne plus avoir sous la main le téléphone rouge ou le clavier nucléaire, voire son enfantin chagrin de ne plus pouvoir traverser Paris à toute vitesse, escorté de motards écartant les foules à grands coups de sifflet.

Personne n'en faisait l'aveu. Et pourtant... quand on a commandé à la foudre atomique, quand on a été reçu pendant une heure vingt-cinq par le président des Etats-Unis, on ne saurait sans dépit aller chercher soi-même un jus de tomate à la cuisine.

VI

Une phrase capitale

Comment conclure — et pourquoi ? Peut-être serait-il temps, à la fin d'un livre, d'en trouver le sujet.

On conclut une comédie, une symphonie, une tragédie... Comment le faire quand il s'agit de notes, de témoignages, d'observations, de réflexions, et comment baisser le rideau alors que la séance continue ?

Peut-on baisser le rideau quand il est encore question du « scandale » de la Maison Blanche, où le président de la plus puissante nation du monde a vu son pouvoir chanceler sous prétexte d'*oral sex* et d'une *how disgraceful* tache de sperme sur la robe d'une assistante ?

Nous ne sommes pas habitués au châtiment présidentiel du *subpoena* (un mot sans doute tiré du latin par les oreilles) et peu accoutumés à voir le *Times* parler d'*oral sex*. Or nos enfants, qui lisent moins le *Times* que certains magazines, ne cessent de nous poser des questions (du genre : qu'est-ce que c'est que ce truc-là ?). Le voilà bien, le harcèlement sexuel ! Comment parfaire l'éducation de ces puceaux sans entrer dans des détails hautement répugnants ?

Sans doute n'éprouvez-vous pas la même gêne, vous qui êtes depuis des siècles rompus aux galipettes présidentielles, impériales, monarchiques. On jurerait que vous avez vu (sans regarder, *of course !*) le sperme couler de Chambord à l'Elysée.

Vous en avez tellement vu, et des plus salaces, que vous ne tenez pas à en voir davantage. A force de vous gausser de tout, vous ne prêtez plus attention à rien.

Vous ne vous en référez pas moins à votre glorieuse Histoire, surtout à celle de ces rois qui firent la France (avec quelques coupures). Mais pouvez-vous imaginer un instant François Ier confessant un *oral sex* (peut-être n'était-il pas encore au courant ?) et réduit à expliquer la présence d'une tache douteuse sur son pourpoint ? Je veux croire que vous ne le sauriez pas.

Mais si vous passez de Chambord à Rambouillet — ou de Diane de Poitiers à Mme Pingeot —, combien de liaisons vos palais gouvernementaux n'ont-ils pas abritées ? Vous ne les comptez plus, vous n'avez jamais su les compter : il n'y a que les Américains qui, ayant le chiffre dans la peau, savent compter avant même que de savoir lire.

Pour l'instant, me voilà parti à la recherche d'une note sur le Marylebone Cricket Club. Je l'avais mise en tête de pile, sur un amas de papiers. Je l'y ai vue pendant des semaines. Elle n'y est plus. Elle a subi la loi du sommet : elle est descendue. Car les choses bougent, se cachent et, tels des gens de mauvais caractère, vous méprisent en se vengeant de votre curiosité. Cette note sur le Marylebone Cricket Club, ce n'est pas moi qui la fouille du regard, c'est elle qui me nargue.

Je veux bien croire à la banalité d'un pli que l'on a mis dans un veston et que l'on retrouve dans un pyjama, mais comment une cassette de maroquin rouge peut-elle parcourir deux étages en six mois ? Je la chérissais, cette cassette... Non que j'aime l'argent : il me passionne. Or cette cassette était pleine de pièces d'or, des guinées frappées sous George III (la guinée qui vaut vingt et un shillings n'a été créée que pour tracasser les voyageurs).

Lors d'un de mes premiers voyages aux Indes, j'avais caché la cassette au grenier. Quand je revins, je la trouvai à la cave. Si ç'avait été la mienne, j'aurais trouvé cela à peu près normal, mais c'était la cave du voisin.

*
* *

Fabuleux, le nombre de choses que je trouve à faire quand je ne fais rien. Un journal de 1927 me fait traverser l'Atlantique seul (avec Lindbergh). Puis les ciseaux m'attirent, je me mets à couper, à déchirer avec une sorte de volupté.

Combien d'appels déchirants, finalement déchirés, des Somaliens, des Rwandais, des Ethiopiens, des Timorais ! Honte à moi, qui veux me donner bonne conscience parce que j'ai déjà donné pour les réfugiés bosniaques, pour les enfants du Sahel, pour les vieillards du Soudan... et qui suis resté sourd à d'autres suppliques parce qu'une voix m'a dit :

— N'envoie rien ! Ça n'arrivera pas !

*
* *

On dira que tout cela n'a pas de rapport avec le sujet. Mais si l'on n'écrivait que des choses qui ont un rapport entre elles, ce serait d'un terne ! D'ailleurs, au lieu de parler de ce qui ne sera plus, mieux vaut essayer de prévoir ce qui subsistera.

Il y aura toujours, dans un train rouge sillonnant le verdoyant Dorset, deux voyageurs discutant des avantages qu'il y a à prendre en voiture la A 327 vers Burnsbury ou la B 332 vers Cripplesgate...

Et deux ladies décrivant — *how nice !* — les fleurs dont elles ont garni leur gazon : *There, a bed of lillies... Lovely !* — et là un parterre de *forget-me-not... Marvellous !*

C'est toujours le même paysage, la même planète, le même train, mais la conversation est devenue moins fleurie. Comme on ne me croira pas, je cède ici ma plume à une jeune Anglaise[1].

Elle a enregistré cette scène au cours d'un cocktail.

Daniel est accompagné de sa femme, qui s'apprête à le présenter :

— Tu connais Vanessa ?

— Non...

On jurerait que Daniel va dire : « Enchanté de faire votre connaissance », mais Vanessa, plus prompte, intervient :

— Voyons, Daniel... nous avons couché ensemble !

On voit par là combien les choses ont gagné en franchise ce qu'elles ont perdu en convenances.

Malgré ces dérives verbales, il y aura toujours en Angleterre un journal comme le *Daily Mail* pour prévoir « un temps sec et chaud pouvant devenir frais et humide », tandis que vous continuerez, à la télévision, de personnaliser le soleil ou le mercure (qui *fera preuve de bonne volonté*).

Le *Times* ne manquera pas d'annoncer le premier chant du coucou et le combat se

1. Helen Fielding, *Bridget Jones' Diary*, Picador, 1996.

poursuivra dans vos feuilles pour savoir s'il faut interdire ou autoriser la chasse à la palombe.

A force de nous opposer sur tant de sujets, nous finirons par faire naufrage ensemble. Ce serait une première.

Sans attendre cette regrettable éventualité, tenons-nous-en à la plus étonnante actualité : celle qui permet à Pochet de devenir lord.

Si vous souriez, dépêchez-vous de le faire : c'est du sérieux, de l'officiel, garanti sur parchemin par l'un des plus notables *charter accountant* du Royaume « honoré » de mettre publiquement en vente trois titres de haute respectabilité et de vrai standing qui donneront à l'acquéreur le pouvoir de devenir lord ou lady[1].

Pour convaincre les sceptiques (il y en a à peu près autant en France qu'en Angleterre, peut-être un peu plus en France où l'on trouve beaucoup de sceptiques de naissance), je ne puis faire mieux que de reproduire l'annonce dont il a été question.

1. L'annonce ci-jointe a été notamment reproduite dans l'*International Herald Tribune* du 22 janvier 2000 sous la mention « *Business opportunities* ».

On pourra ainsi constater que le prix à acquitter pour un titre de lord varie de 18 650 livres sterling à 25 600, ce qui reflète la précision maniaque de mes compatriotes. Pas question de dire « 25 000 environ ». On peut associer à ce travers la manie des précédents : si la finaliste du tournoi de Wimbledon tombe sur le gazon du court central et doit déclarer forfait, il y aura vingt reporters au moins pour rappeler que semblable événement ne s'était pas produit depuis cent trente-sept ans.

Quant aux montants à payer pour être Lord ou Lady, il est d'autant moins utile de les discuter qu'ils sont établis sous l'autorité du Chief Heritage Officer — et il suffira à M. Pochet de prouver « son impeccable intégrité » (qu'il se garde de parler de l'impeccable intégrité de Henry VIII, ce serait malséant).

Mais ne l'oublions pas : il y aura toujours, signalé dans un journal, un nouveau revirement du haut comité du Marylebone Cricket Club. J'avais omis de préciser, sans doute parce que cela va de soi, que le Marylebone Cricket Club doit sa principale réputation au golf.

Enfin, maintenant, ça y est ! Après avoir attendu deux cent onze ans, les *females* sont admises dans ce mâle sanctuaire. Il leur faudra toutefois attendre dix-huit ans de plus pour pouvoir jouer au golf — le temps de laisser passer les candidats masculins inscrits auparavant. Etant donné les conditions exceptionnelles qui leur sont consenties, les femmes comprendront fort bien que certaines tribunes, certains jours, leur demeurent encore interdites.

*
* *

Quelles que soient nos différences, il n'y aura qu'un seul pays aussi changeant qu'inchangé : la France.

M. Taupin se demande souvent ce qu'il faudrait pour que les Français soient plus fraternels, plus expansifs, plus causants.

A son avis, cela n'arrive qu'une fois par siècle : il y faut au moins une déclaration de guerre, ou la proclamation de l'union sacrée. Y a-t-il eu rien de tel ? A-t-on redouté une révolution, un cataclysme ? Non, un seul mot a suffi, un mot de quatre lettres, pas même français, pour que toutes ces conditions espacées sur un siècle soient réunies en quelques minutes : le *foot*.

Car, si la démesure est une caractéristique de notre temps, trois buts victorieux en finale du Mondial ont pesé plus lourd sur le comportement de vos compatriotes qu'un siècle d'histoire.

A partir du moment où un journal va jusqu'à qualifier les encombrements d'« anthologie », tout est possible — et tout y est passé : les Gaulois et Vercingétorix, Jeanne d'Arc et Clemenceau, *La Marseillaise* et Verdun.

Voilà pourquoi un commentateur écrivait : avec trois buts à zéro contre le Brésil, *on peut mourir tranquille*.

Qu'importait si le onze de France était fortement coloré : ses joueurs n'en chantaient pas moins *La Marseillaise* avec son « sang impur qui abreuve nos sillons ». Le coq gaulois, un coq multicolore, ne pouvait qu'inspirer confiance au monde entier.

La voilà bien, la France souhaitée par M. Taupin, la France fraternelle, la France causante qui parle à des inconnus dans la rue.

Non seulement l'Arc de Triomphe « n'avait jamais mieux mérité son nom », mais on comparait la foule qui montait vers lui à celle de la Libération.

Les Français auraient-ils été libérés une seconde fois sans le savoir ? Sans doute, puisque, affirmait-on, ils avaient « jeté aux orties » leur tunique d'humiliations.

L'ordre des choses avait subi un tel bouleversement que l'on aurait pu nommer Aimé Jacquet président de la République et Chirac reine d'Angleterre sans provoquer de surprise.

Mais tout cela était de peu d'importance pour la France. Dans cette atmosphère de fin du monde, elle n'avait qu'une préoccupation : savoir s'il fallait dire Madame *le* ministre ou Madame *la* ministre.

VII

Mort et frivolité

La mort et la frivolité vont rarement de pair. Et pourtant, que fais-je aujourd'hui avant de m'effacer de cette terre ? Je choisis une cravate dans Savile Row — une cravate pour vingt-quatre heures.

Ce serait une première, dérisoire je l'accorde, du moins pour le dernier lancier de l'armée des Indes. Ces Indes que je m'obstine à mettre pour la dernière fois au pluriel en pensant à cet Empire sur lequel le soleil ne se couchait jamais.

Quel sacrilège de songer au même instant que je ne verrai pas la fin du jour qui vient, à l'Empire, et à mes jambes ! Ce sont les Indes qui les ont arquées mais elles vacillent et ne pourraient plus serrer les flancs de ce gris pommelé que l'on sellait pour moi à Goralpur.

De toute façon, il conviendrait de laisser « passer » avant moi mon éminent collègue le brigadier général Huntingdon-Clarke qui va « tourner » cent deux ans[1].

J'ai beaucoup de respect pour lui mais son visage déjà glacé, marbré, presque embaumé, m'inspire quelque répulsion.

Je ne pense pas souvent à la mort. Un peu plus cependant que d'autres qui n'y pensent pas du tout, sauf lorsque passe devant eux un corbillard. Alors ils réfléchissent et soupirent : « C'est la vie ! »

Certains ont plus de sens, ainsi Woody Allen : « Je n'ai pas peur de la mort mais je préférerais ne pas être là quand elle viendra. »

On ne saurait cependant me reprocher de n'avoir pas pensé à la mort avant qu'elle pense à moi. Non pas sur les champs de bataille où l'inconscience et le courage sont souvent liés, mais *at home* où me parvient l'écho des gazettes. Tel, avant de partir

---

1. En Angleterre comme aux Etats-Unis, on n'est pas âgé de, on n'a pas un an de plus : on tourne.

définitivement, a pris soin de laisser en vue des lettres compromettantes (pour autrui) ; tel encore des notes (« personnelles ») qui révèlent une liaison.

Je n'ai pas de révélations de ce genre à faire, mais il ne me paraît pas moins important, avant de disparaître, de mettre de l'ordre dans mes papiers.

Je n'en veux laisser traîner aucun.

Comment, après tant de notes qui évoquent la guerre, les supplices, le malheur — oserais-je revenir aux infimes vicissitudes de ma vie privée ? Ce sont pourtant elles qui, à l'instant, occupent mes pensées.

Que mes épouses successives me pardonnent, surtout mon attirance pour Fenella... De la première, Ursula, je ne puis craindre qu'un céleste courroux. Mais que dira la seconde, la très française Martine, lorsqu'elle reviendra de son pays où elle est allée voir la famille Noblet ?

Ce n'est pas la « scène » que je redoute, mais la moquerie.

Je n'aurai pas à subir cette humiliation. Le mieux, m'a enseigné un très galant Français, M. Haudepin, c'est de « la boucler »

— surtout si l'on vous dit : « Je ne demande pas grand-chose : simplement la vérité ! »

Il n'y aura donc pas de ces stériles disputes — ni des « ce n'est pas ce que je voulais dire ! »

La vérité, plus simple, a volé à mon secours : Fenella est partie avec l'assurance que le major general Cardigan portait bien un gilet sous son armure, et Martine est revenue, sereine et détendue. Des oreilles indiscrètes l'avaient-elles avertie ?

Elle m'a rapporté, acheté à Paris et *made in India*, un cardigan.

*
* *

Je ne souhaite pas attendre quelque compassion de dernière heure. J'ai tout fait pour rendre ma mort rapide et confortable. Pourquoi des regrets ?

Je n'en éprouve de véritables qu'à propos du livre que je n'écrirai pas, puisque, à quatre-vingt-dix-sept ans, je ne me vois pas le faire.

J'en demande pardon à mes fidèles amis, Taupin, Requillard, Falantin, Pochet, qui m'ont si souvent accompagné dans mes travaux. J'en suis navré.

*
* *

J'ai beau être encore sur terre pour quelques minutes, il y a des signes qui ne trompent pas : hier, un jeune homme m'a cédé sa place dans le métro. Les Français seraient-ils devenus plus polis que nous ? Mais non, vieux crabe fourbu ! C'est toi qui es devenu ce que tu ne veux pas être : vieillard !

Sans parler de mes jambes, ma vue baisse. Surtout la nuit, où je ne cesse de me cogner contre une table ou un buffet qui ont toujours été là. Loin de pester contre la table ou le buffet, c'est contre moi que j'enrage. Ça m'énerve. Tout m'énerve, même la fête que l'on veut me faire comme locataire du troisième âge, avec des croisières, des galas, voire des gymkhanas.

Je ne me sens plus abonné au *flegmatique* du répertoire. Au contraire : je suis devenu tellement irascible que je passe en une seconde de la sérénité à la colère. Et quand je ne suis pas furieux, je suis impatient : que ce soit au cinéma, au théâtre, je m'ennuie de plus en plus vite, et trouve tout trop long.

Le temps semble venu pour moi de faire un tardif aveu. Moi qui n'avais rien à reprocher à ma première épouse, sinon le faciès chevalin, j'ai vu venir le jour — c'était un soir — où je ne trouvai plus rien à lui dire. Je connaissais d'avance ses réactions, ses gestes, ses mots et, là encore, j'avais envie de dire : « Coupez ! »

Comme j'enviais, alors, sur les plages, ces couples de longue durée qui, n'ayant plus rien à se confier, trouvent moyen de se parler pendant des heures.

*
* *

Pourquoi devancer l'« événement » ?

En bon Anglais du dictionnaire, toujours avide de négoce, je suis prêt à négocier mon dernier virage. Si je choisis, pour en finir, un tunnel, ce n'est pas en pensant au destin de notre regrettée princesse de Galles : les ténèbres souterraines m'apparaissent comme une escale vers la nuit éternelle.

A force de trier, de déchirer, de classer, j'ai retrouvé une plaquette serrée dans un étui grenat.

Imprimée sur du papier bleu pâle, elle avait pour titre :

INSTRUCTIONS CONFIDENTIELLES

En cas de haute trahison ou de reddition, et si vous décidez de vous donner la mort, soit par balle, soit par l'administration d'un toxique :

A : *EN INFORMER VOTRE SUPÉRIEUR.*

Pas question pour moi de haute trahison ou de reddition. J'ai passé l'âge de ces folies. Mais la liste des poisons toxiques, narcotiques, a retenu toute mon attention. La strychnine, en fin de compte, a eu ma préférence — d'autant que, grâce à la criminelle amitié d'un pharmacien, j'en possède une pilule.

*
* *

Quant à ce livre que je n'écrirai pas, mes regrets sont d'autant plus inutiles que ce ne sont pas les héritiers qui manqueront. Tant de gens se sont mis à écrire — parfois d'excellentes choses — la comédienne, le boxeur, le préfet de police, le champion de tennis, le gangster, le futur roi d'Angleterre — qu'on se demande ce que les autres attendent pour s'y mettre. Un jour viendra où M. Pivot devra intituler son émission :

« Ah, vous n'écrivez pas ? »

*
* *

Chaque jour on me met sur la voie en me demandant : « Est-ce que vous écrivez toujours ? » ou « Est-ce que vous écrivez encore ? »

A tout prendre, je préfère le toujours à l'encore, qui semble vouloir dire : « Ça suffit. »

C'est bon. J'arrête.

TABLE

Cet ouvrage a été composé par
Nord Compo – 59650 Villeneuve-d'Ascq
et imprimé sur presse Cameron
par Bussière Camedan Imprimeries
à Saint-Amand-Montrond (Cher)
en octobre 2000

N° d'édition : 13277. — N° d'impression : 004537/1.
Dépôt légal : novembre 2000.

Imprimé en France